Όταν νιώθω θλίψη
When I Am Gloomy

Σαμ Σαγκόλσκι
Εικονογράφηση: Ντάρια Σμισλόβα

www.kidkiddos.com
Copyright ©2025 by KidKiddos Books Ltd.
support@kidkiddos.com

All rights reserved. No part of this book may be reproduced in any form or by any electronic or mechanical means, including information storage and retrieval systems, without written permission from the publisher, except in the case of a reviewer, who may quote brief passages embodied in critical articles or in a review.
First edition, 2025

Translated from English by Ina Samolada
Μετάφραση από τα αγγλικά: Ίνα Σαμολαδά

Library and Archives Canada Cataloguing in Publication
When I Am Gloomy (Greek English Bilingual edition)/Shelley Admont
ISBN: 978-1-0497-0011-3 paperback
ISBN: 978-1-0497-0012-0 hardcover
ISBN: 978-1-0497-0013-7 eBook

Please note that the Greek and English versions of the story have been written to be as close as possible. However, in some cases they differ in order to accommodate nuances and fluidity of each language.

Ένα συννεφιασμένο πρωί, ξύπνησα θλιμμένη.
One cloudy morning, I woke up feeling gloomy.

Σηκώθηκα από το κρεβάτι, τυλίχτηκα στην αγαπημένη μου κουβέρτα και πήγα στο καθιστικό.
I got out of bed, wrapped myself in my favorite blanket, and walked into the living room.

«Μαμά!» φώναξα. «Έχω κακή διάθεση».
"Mommy!" I called. "I'm in a bad mood."

Η μαμά με κοίταξε πάνω από το βιβλίο της. «Κακή; Γιατί το λες αυτό, αγάπη μου;» ρώτησε.
Mom looked up from her book. "Bad? Why do you say that, darling?" she asked.

«Κοίτα το πρόσωπό μου!» είπα, δείχνοντας τα σμιχτά μου φρύδια. Η μαμά χαμογέλασε γλυκά.
"Look at my face!" I said, pointing to my furrowed brows. Mom smiled gently.

"Δεν έχω χαρούμενο πρόσωπο σήμερα» μουρμούρισα. «Μ' αγαπάς ακόμα κι όταν νιώθω θλίψη;»
"I don't have a happy face today," I mumbled. "Do you still love me when I'm gloomy?"

«Φυσικά σ'αγαπώ,» είπε η μαμά. «Όταν νιώθεις θλίψη, θέλω να είμαι δίπλα σου, να σ' αγκαλιάζω και να σου φτιάχνω το κέφι».

"Of course I do," Mom said. "When you're gloomy, I want to be close to you, give you a big hug, and cheer you up."

Αυτό με έκανε να νιώσω λίγο καλύτερα, αλλά μόνο για μια στιγμή, γιατί μετά άρχισα να σκέφτομαι τα άλλα μου συναισθήματα.

That made me feel a little better, but only for a second, because then I started thinking about all my other moods.

«Οπότε… με αγαπάς ακόμα κι όταν είμαι θυμωμένη;»
"So… do you still love me when I'm angry?"

Η μαμά χαμογέλασε ξανά. «Φυσικά σ' αγαπώ!»
Mom smiled again. "Of course I do!"

«Είσαι σίγουρη;» ρώτησα σταυρώνοντας τα χέρια μου.
"Are you sure?" I asked, crossing my arms.

«Ακόμα κι όταν είσαι θυμωμένη, είμαι ακόμα η μαμά σου. Και σ' αγαπώ όπως και πριν».
"Even when you're mad, I'm still your mom. And I love you just the same."

Αναστέναξα βαθιά. «Κι όταν νιώθω ντροπή;» ψιθύρισα.
I took a big breath. "What about when I'm shy?" I whispered.

«Σ' αγαπώ κι όταν νιώθεις ντροπή» είπε. «Θυμάσαι τότε που κρυβόσουν πίσω μου και δεν ήθελες να μιλήσεις στον νέο μας γείτονα;»
"I love you when you're shy too," she said. "Remember when you hid behind me and didn't want to talk to the new neighbor?"

Κούνησα το κεφάλι. Το θυμόμουν καλά.
I nodded. I remembered it well.

«Και μετά τον χαιρέτησες και έκανες έναν νέο φίλο. Ήμουν πολύ περήφανη για σένα».

"And then you said hello and made a new friend. I was so proud of you."

«Μ' αγαπάς ακόμα κι όταν κάνω πάρα πολλές ερωτήσεις;» συνέχισα.
"Do you still love me when I ask too many questions?" I continued.

«Όταν κάνεις πολλές ερωτήσεις, όπως τώρα, σε βλέπω να μαθαίνεις καινούργια πράγματα που σε κάνουν εξυπνότερη και δυνατότερη κάθε μέρα,» απάντησε η μαμά. «Και ναι, σ' αγαπώ ακόμα».
"When you ask a lot of questions, like now, I get to watch you learn new things that make you smarter and stronger every day," Mom answered. "And yes, I still love you."

«Κι αν δεν έχω όρεξη να μιλήσω καθόλου;» συνέχισα να ρωτάω.

"What if I don't feel like talking at all?" I continued asking.

«Έλα εδώ,» είπε. Σκαρφάλωσα στην αγκαλιά της και ακούμπησα το κεφάλι μου στον ώμο της.

"Come here," she said. I climbed into her lap and rested my head on her shoulder.

«Όταν δεν έχεις όρεξη να μιλήσεις και θέλεις απλώς να σωπαίνεις, αρχίζεις να χρησιμοποιείς τη φαντασία σου. Μου αρέσει πολύ να βλέπω αυτά που δημιουργείς,» απάντησε η μαμά.

"When you don't feel like talking and just want to be quiet, you start using your imagination. I love seeing what you create," Mom answered.

Τότε ψιθύρισε στο αυτί μου: «Σ' αγαπώ κι όταν σωπαίνεις».
Then she whispered in my ear, "I love you when you're quiet too."

«Όμως μ' αγαπάς κι όταν φοβάμαι;» ρώτησα.

"But do you still love me when I'm afraid?" I asked.

«Πάντα» είπε η μαμά. «Όταν είσαι τρομαγμένη, σε βοηθάω να ελέγξεις ότι δεν υπάρχουν τέρατα κάτω από το κρεβάτι ή μέσα στη ντουλάπα».

"Always," said Mom. "When you're scared, I help you check that there are no monsters under the bed or in the closet."

Με φίλησε στο μέτωπο. «Είσαι πολύ γενναία, γλυκιά μου».

She kissed me on the forehead. "You are so brave, my sweetheart."

«Και όταν είσαι κουρασμένη,» πρόσθεσε ήρεμα, «σε σκεπάζω με την κουβέρτα σου, σου φέρνω το αρκουδάκι σου και σου τραγουδάω το αγαπημένο μας τραγούδι».

"And when you're tired," she added softly, "I cover you with your blanket, bring you your teddy bear, and sing you our special song."

«Και αν έχω πάρα πολλή ενέργεια;» ρώτησα καθώς πετάχτηκα όρθια.
"What if I have too much energy?" I asked, jumping to my feet.

Γέλασε. «Όταν είσαι γεμάτη ενέργεια, πηγαίνουμε μαζί για ποδήλατο, σχοινάκι ή τρέξιμο. Μου αρέσει πολύ να τα κάνω όλα αυτά μαζί σου!»
She laughed. "When you're full of energy, we go biking, skip rope, or run around outside together. I love doing all those things with you!"

«Αλλά μ' αγαπάς όταν δε θέλω να φάω μπρόκολο;» ρώτησα βγάζοντας τη γλώσσα με αηδία.
"But do you love me when I don't want to eat broccoli?" I stuck out my tongue.

Η μαμά γέλασε συγκρατημένα. «Όπως εκείνη τη φορά που έδωσες στα κρυφά τα μπρόκολά σου στον Μαξ; Του άρεσαν πολύ».
Mom chuckled. "Like that time you slipped your broccoli to Max? He liked it a lot."

«Το είδες αυτό;» ρώτησα.
"You saw that?" I asked.

«Φυσικά το είδα. Κι ακόμα σ' αγαπώ, ακόμα και τότε».
"Of course I did. And I still love you, even then."

Σκέφτηκα για μια στιγμή και μετά έκανα μια τελευταία ερώτηση:
I thought for a moment, then asked one last question:

«Μαμά, αν μ' αγαπάς όταν νιώθω θλίψη ή θυμό... μ' αγαπάς κι όταν είμαι χαρούμενη;»
"Mommy, if you love me when I'm gloomy or mad... do you still love me when I'm happy?"

«Ω, γλυκιά μου,» είπε, αγκαλιάζοντάς με πάλι, «όταν είσαι χαρούμενη, είμαι κι εγώ χαρούμενη».
"Oh, sweetheart," she said, hugging me again, "when you're happy, I'm happy too."

Με φίλησε στο μέτωπο και πρόσθεσε: «Σ' αγαπώ όταν νιώθεις χαρά όπως σ' αγαπώ όταν νιώθεις λυπημένη, θυμωμένη, ντροπαλή ή κουρασμένη».
She kissed me on the forehead and added, "I love you when you're happy just as much as I love you when you're sad, or mad, or shy, or tired."

Κουλουριάστηκα κοντά της και χαμογέλασα. «Δηλαδή... μ' αγαπάς συνέχεια;» ρώτησα.
I snuggled close and smiled. "So... you love me all the time?" I asked.

«Συνέχεια,» είπε. «Όπως κι αν νιώθεις, κάθε μέρα, σ' αγαπώ πάντα».
"All the time," she said. "Every mood, every day, I love you always."

Καθώς μιλούσε, άρχισα να αισθάνομαι ζεστασιά στην καρδιά μου.
As she spoke, I started feeling something warm in my heart.

Κοίταξα έξω και είδα τα σύννεφα να απομακρύνονται.
Ο ουρανός έγινε γαλανός και βγήκε ο ήλιος.
I looked outside and saw the clouds floating away.
The sky was turning blue, and the sun came out.

Φαινόταν πως τελικά θα είχαμε μια όμορφη μέρα.
It looked like it was going to be a beautiful day after all.

www.ingramcontent.com/pod-product-compliance
Lightning Source LLC
LaVergne TN
LVHW072110060526
838200LV00061B/4852